JIWBILÎ
Y FAM WEN FAWR
1887 VICTORIA 1897

Hywel Teifi Edwards

ac

E. G. Millward

Argraffiad cyntaf – 2002

ISBN 1 84323 170 0

Mae Hywel Teifi Edwards ac E. G. Millward wedi datgan eu hawl
dan Ddeddf Hawlfraint, Dyluniadau a Phatentau 1988 i gael eu
cydnabod fel awduron y llyfr hwn.

Dymuna'r cyhoeddwyr gydnabod cymorth adrannau Cyngor Llyfrau Cymru.

Cyhoeddir y gyfrol hon gyda chymorth Cyngor Celfyddydau Cymru.

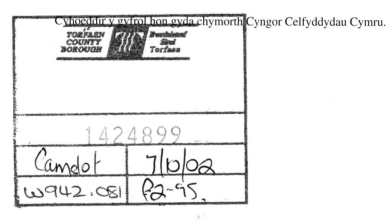

*Argraffwyd yng Nghymru gan
Wasg Gomer, Llandysul, Ceredigion*

PRIFWYL
JIWBILÎ VICTORIA,
1887

Hywel Teifi Edwards

Diolch i'r hanesydd John Davies fe ddylai fod yn ffaith gyfarwydd bellach na threuliodd y Frenhines Victoria namyn *saith noson* yng Nghymru yn ystod 64 blynedd ei theyrnasiad, ac ar ei ffordd i rywle amgenach na Chymru lonydd, lân, ymgreinllyd yr oedd bob tro. Ni thociodd hynny ddim ar ddisgwylgarwch bythol trwch y Cymry a gellir dyfalu mai â chwilsyn syrffed ac inc dirmyg yr aeth John Jones ati yn *Cymru Fydd* yn 1889 i 'argyhoeddi' ei gydwladwyr fod Victoria wedi dod i'r Bala i fendithio Gwalia. Gan wybod mor barod oeddynt i'w perswadio o ofal y Goron amdanynt, bwriodd iddi:

> Siaradodd Gymraeg glân gloyw â Chymry na fedrent ddigon o iaith eu gwlad i'w hateb ynddi'n ôl. Nid fel ei deiliaid Philistaidd – i'n dirmygu am na fedrwn Saesneg – y daeth ein Brenhines i'n plith, ond i gefnogi'n harferion cenedlaethol, ac i siarad iaith y delyn . . . Bu'r Frenhines yn y Bala, a daeth yno fel y daeth gwraig Llywelyn, fel y daeth Arglwyddes yr Wyddfa, i gydymdeimlo â bywyd Cymru, ac i siarad yn yr hen iaith Gymraeg.

Nid oedd y 'John Jones, M.A., Rhydychen' hwnnw yn *Cymru Fydd* yn neb llai nag O. M. Edwards – ac nid gwrthfrenhinwr mohono ef o bell ffordd! Nid Victoria, wrth reswm, oedd targed ei ddychan. Yr oedd ei gweryl â'i gyd-Gymry hurt a gredai y gallent ddibrisio'u Cymreictod heb golled, dim ond iddynt ymddyrchafu'n freningarwyr.

DRUIDS AT HOME

Punch yn cael hwyl yn seremoni cyhoeddi Eisteddfod Genedlaethol Llundain, Tachwedd 1886.

Gwatwar taeogrwydd a wnâi O. M. Edwards ac yr oedd digon ohono o'i gwmpas er fod ewfforia mudiad 'Cymru Fydd' yn cerdded y wlad rhwng 1886 ac 1896.

Yn Eisteddfod Genedlaethol Aberdâr, 1885, fe sefydlwyd Cymdeithas yr Iaith Gymraeg i hyrwyddo'r famiaith yn yr ysgolion elfennol fel moddion i hwyluso dysgu Saesneg i'r plant. Unwaith y caent afael ar honno, rhwng y Gymraeg a'i chawl wedyn. Yn *Y Faner* ym Medi 1886, pwysleisiodd Dan Isaac Davies fod y Gymdeithas yn daer 'dros fynediad buan y Saesneg i bob cwr o'r wlad', gan ychwanegu: 'Y farn gyffredin yn ein plith ydyw, ei fod yn ddoeth yn mhob athraw ac athrawes yn yr ysgolion dyddiol yn y parthau Cymreig o Gymru i beidio defnyddio gair o Gymraeg yn yr ysgol "os gallant wneyd eu gwaith cystal hebddo." Y mae yn bwysig i'r plant Cymreig glywed Saesneg yn barhaus, a chael ymarferiad cyson mewn siarad Saesneg.' Dyna fynegi barn ddiamwys a llawn mor ddiamwys yn ôl Dan Isaac Davies oedd cred gadarn aelodau'r Gymdeithas, sef 'os nad yw Rhagluniaeth yn foddlawn i'r Cymry i gael dwy iaith, mai Saesneg fydd iaith y dyfodol.' Y mae'n debyg mai ei gynefindra ef â'r Rhagluniaeth ryfedd honno a roes warant i'r Parchedig Ddr. T. C. Edwards, prifathro cyntaf Coleg Prifysgol Aberystwyth, i broffwydo wrth adael cadair llywydd Cymdeithasfa'r De yn Aberaeron yn Hydref 1884 y byddai'r Gymraeg farw ymhen ugain mlynedd. (Roedd 49.9 y cant o boblogaeth gyfrifiadwy Cymru yn siarad Cymraeg yn 1901 – 93 y cant yng Ngheredigion.) Sôn am ewyllysio tranc!

Sefydlwyd nifer o 'Gymdeithasau Cenedlaethol' i lwyfannu dyheadau 'Cymru Fydd'. Areithiwyd yn egnïol a chodwyd baneri. Bu sôn am greu 'Plaid Seneddol Gymreig' yn San Steffan i efelychu'r Gwyddyl, ond nid Gwyddyl mo'r Cymry rhyddfrydol. Yng ngeiriau W. E. Davies, un o bileri Cymdeithas yr Eisteddfod Genedlaethol, ni wnâi aelodau seneddol o fath y Gwyddyl mo'r tro 'i ni': 'Y mae Cymru am i'w chynnrychiolwyr fod yn alluog, ac o bosibl yn hyawdl, ond uwch law y cyfan yn ddynion gonest, gwrol a phur.' Disgwyliai'r Saeson i'r Gwyddyl fod yn frochus, yn afresymol a di-feind o drefn 'y Tŷ'; disgwylient i'r Cymry fod yn rhesymol, yn gytbwys-amyneddgar a gofalus o urddas 'y Tŷ'. Dim gofyn gormod – dyna'r gamp. Mewn hinsawdd o'r fath nid oedd disgwyl i'r 'Cymdeithasau Cenedlaethol' a gododd yng Nghymru ac yn Llundain, Lerpwl a Manceinion, er enghraifft, wneud fawr mwy na gwyntyllu pynciau. Gwaith i eraill fyddai llunio polisïau, heb sôn am eu lansio.

Tua diwedd y flwyddyn 1884 sefydlwyd Cymdeithas Y Brythonwys (y Cambro–Briton Society) yn Llundain er 'Cyffroi y teimlad cenedlaethol yn y Genedl Gymreig, fel ag i ennyn ynddi ysbryd mwy egnïol ac annibynol, a'i dwyn i syniad mwy urddasol o'i safle fel un o'r pedair cenedl Brydeinig'. Yn ôl y ddau ysgrifennydd, Rowland Rees a D. Rhayader Davies, cymdeithas i Gymry ifanc alltud 'ag sydd yn ddibetrus – heb ofn na chywilydd – yn arddel eu gwlad, eu hiaith, a'u cenedl . . .' fyddai'r Brythonwys. Trwyddi hi fe gaent fodd i atgyfnerthu eu hunaniaeth, oherwydd byddai'n 'annog cadwraeth pob nodwedd arbenig o fywyd y genedl ag sydd yn gydweddol â chynnydd Cymru fel rhan o'r Ymherodraeth Brydeinig'.

Yn ateb i unrhyw amheuaeth ynglŷn â gwerth swyddogaeth y Brythonwys, fe gafwyd gan y ddau ysgrifennydd ddiagnosis o gyflwr meddwl Cymru ôl-1847 sy'n gymaint clasur o gaswir fel yr haedda'i glywed drachefn yn 2002. Ar drothwy Jiwbilî Aur Victoria wele ddau Gymro selog yn wynebu ysictod eu cenedl gan draethu geiriau na all Cymry ystyriol lai na llyncu poer wrth eu darllen heddiw eto. Gwrandawer:

7

Y mae lle i ofni fod ysbryd cenedlaethol y genedl Gymreig yn ystod yr hanner canrif diweddaf – o herwydd y digalondid a barwyd gan ddirmyg annheg a pharhaus, difrawder y rhai a ddylasent ei harwain a'i gwroli, ymddïeithriad anwladgar ac angharuaidd ei hysgolheigion a'i phendefigion, ac yn enwedig, o herwydd anwybodaeth y werin o hanes a llenyddiaeth eu gwlad – wedi llesgau i'r fath raddau nes y mae wedi colli ffydd yn ei hadnoddau priodol, wedi colli hyder ac hunanbarch, ac wedi syrthio i ammheuaeth lwfr a gwasaidd o'i gallu a'i hawl i lunio ei dyfodol ei hun. Y mae yn hen bryd bellach ddyfod allan i ddechreu gwrthweithio effeithiau niweidiol yr amser a aeth heibio, drwy ennyn hunan-ymddiried yn y genedl, a symud pob teimlad bychanus o anfri, drwy ei dwyn i weled hynodrwydd a phrydferthwch ei hanes tawel, ond dwfn ei hun. Dyna yw prif nôd Cymdeithas y Brythonwys; ac yn gymmaint a'i bod yn credu yn ddiysgog mai y syniad o arbenigrwydd cenedlaethol yw y symbyliad grymusaf i gyffroi cynneddfau ac ymdrechion unrhyw bobl, ac mai mawrddrwg i Gymru, a cholled i Brydain, yn y pen draw, fyddai i'r genedl ymddiffodd mewn unffurfiaeth estronol, mae y Gymdeithas yn bendant dros i'r Cymry lynu wrth eu nodweddion cenedlaethol, a chadw y cymmeriad arbenig ydynt wedi ei gasglu mewn gyrfa o ddwy fil o flynyddoedd; ac yn enwedig dros iddynt gadw y Gymraeg fel iaith deuluaidd, gymdeithasol, a chrefyddol eu gwlad, gan mai hi yw prif arwydd a rhwymyn y genedl, ac mai o naws ei hysbryd y mae y cymmeriad cenedlaethol yn tynu ei nerthoedd mwyaf nodweddiadol. Ar yr un pryd, mae y Gymdeithas mor awyddus a neb rhyw ddosbarth dros i'r genedl yn gyffredinol ymgydnabyddu â'r Saesneg, gan mai hi ydyw iaith yr ymherodraeth, er y credir fod llawer gormod o drwst yn cael ei greu gan un adran am y drafferth o'i dysgu, gan fod pob lle i gredu y gellir gadael hyny o hyn allan i ofal yr ysgolfeistr.

Pwy a wad heddiw na welsai Rowland Rees a D. Rhayader Davies yn glir i ganol 'problem' Cymru yn 1886? Ond proffwydi ifanc heb anrhydedd oeddynt a buan y darfu am grwsâd y Brythonwys wrth i'r Cymry yn Llundain ymroi'n hollol i lwyfannu eu teyrngarwch pan ddôi eu prifwyl i Neuadd Frenhinol Albert, 9-12 Awst 1887.

Ym mis Tachwedd y flwyddyn honno fe fu'r Athro Henry Jones, MA, o Lansannan a oedd, fel yr Athro John Rhŷs, yn batrwm o'r gwerinwr dyrchafedig, yn traethu gerbron Cymdeithas Genedlaethol Gymreig Lerpwl ar 'Some of the Social Wants of Wales'. Fel un o ddeallusion rhiniol y Cymry y mae pwys arbennig i'w farn wrth iddo ymwneud ag un o'r anghenion mwyaf, sef sicrhau priodas ddedwydd rhwng gwladgarwch Cymreig a theyrngarwch Prydeinig. Synhwyrai fod y Cymry yn 1887 fel petaent am sefyll ysgwydd wrth ysgwydd i gyhoeddi eu bod hwythau'n bobol a fynnai eu gweld ymhlith pobloedd y byd. Ond amheuai a oedd eu gwladgarwch yn gwarantu eu hystyried yn genedl go iawn, 'whether the instinct of patriotism is present in the Welsh people, so that when their existence as a people is endangered they are prepared to defend it as their highest possession'.

O'u cymharu â'u hynafiaid, ofnai Henry Jones nad oedd ei gydwladwyr bellach mor barod â hwy i aberthu dros eu lles cenedlaethol. Yn ystod Rhyfel y Degwm, goddefol a hunanol fu ymddygiad y mwyafrif. Ni safasant fel pobol a brisiai eu rhyddid gymaint â bywyd ei hun. Roedd yn bryd i'r Cymry ofyn a oeddynt yn genedl go iawn neu ai 'mere babblement and pretension' oedd eu gwladgarwch. Onid oedd eu gwladgarwch yn rym moesol i'w nerthu i fynd ymlaen trwy bob rhwystr, fe fyddai'n sicr o ddiffodd 'as mere sentiments do, in smoke and stench; and all that is characteristically Welsh – its speech, its creed, its natural instincts and habits – will be swept into the dustbin of History as of no further use to the world'. Naill ai fe unai'r Cymry i sylweddoli eu gobeithion cenedlaethol neu fe fodlonent ar weld eu gwlad 'a mere part of England'.

Gallai Emrys ap Iwan fod yn falch o'r casgliadau yna – maent yn gasgliadau cymwys, yr un mor gymwys yn 2002 ag oeddynt yn 1887. Ond yn ei ddiniweidrwydd Prydeingar a'i sêl ymerodrol, fe gredai Henry Jones y câi'r Cymry 'ryddid' i fod yn driw iddynt eu hunain ymhob dim o fewn i rwymyn yr Ymerodraeth. Dim ond i'r genedl gydio yn llaw Lloegr uwchraddol fe fyddai popeth yn iawn. Roedd pob sôn am 'Home Rule' yn anathema i'r athronydd o Lansannan: 'I am so little eager for an independent Wales in this sense, that I would as soon re-establish Druidism in Anglesey as set up an independent Parliament in Caernarfon. Union with England is essential to our existence, and "being is always prior to well-being". But union, even the closest, does not mean that Wales is to be Anglicized'. Sôn am ddiniweidrwydd marwol! Ac i ble'r aeth y darlithydd a gawsai drwch y werin yn ddibris o'u rhyddid bum munud ynghynt?

Wrth wrando ar Gymro o gefndir ac ansawdd Henry Jones yn traethu ar anghenion cymdeithasol Cymru ni ellir ond arswydo wrth sylweddoli mor hollgynhwysol oedd myth uchafiaeth Lloegr ac mor ddiwrthdro ei effeithiau. Yn sicr, ni allai Henry Jones ei wrthsefyll yn 1887. 'It may be', meddai, *'and it probably is the case* [myfi sy'n italeiddio yn y dyfyniad hwn] that the traits which form the English national character, taken together, *are better than those of the subordinate peoples.* It is difficult otherwise to account for the fact that England has been *the master element.*' Wele Henry Jones yn ymrithio'n Diwton diledryw! Ond chwarae teg iddo, roedd ganddo ddigon o ffydd yn nhegwch y Sais a aeth i ryfel o leiaf drigain o weithiau yn oes Victoria i estyn terfynau'r 'Pax Britannica', i gredu y câi'r Cymry, fel pobloedd 'subordinate' eraill yr Ymerodraeth, bob cyfle i fod yn driw iddynt eu hunain. Nid oedd eisiau 'dynwared' eu gwell o gwbwl. Byddai Cymru heb ei greddfau cenedlaethol ei hun, 'even if they are not the highest or the truest', yn farw i bob dim sy'n dda, yn gragen wag: 'United to England on those terms, it would be a source of weakness and not of strength, it would be a dead limb through which the national life does not circulate'. Sôn am feddwl dauddyblyg! Ac os oedd meddwl Henry Jones yn gawl wrth geisio dod i delerau â gogoniant Lloegr, beth am drwch ei gydwladwyr?

Ta waeth, nid busnes prifwyl y Cymry oedd mynd i Lundain yn 1887 i chwalu pac cenedl ansad. Lle i arddangos teyrngarwch fyddai Neuadd Frenhinol Albert, lle delfrydol i brofi i wasg Lundeinig draddodiadol watwarus fod Cymru lân a llonydd wedi dod i'r dre i daenu ei thrysorau ger gorseddfainc Victoria, y frenhines ddi-ail yr oedd cadair prifwyl y Jiwbilî i'w hennill am awdl iddi hi. A byddai gofyn i'r teyrngaru fod yn fyddarol oherwydd o'r diwedd, wedi hir, hir grefu am ei gydnabyddiaeth, roedd Tywysog Cymru i ddwyn ei deulu gydag ef i Neuadd Albert i gymeradwyo moesymgrymu'r bobol a ymffrostiai eu bod y ffyddlonaf a'r mwyaf hydrin o ddeiliaid ei fam.

Y flwyddyn gynt, mewn erthygl flaen ar 'Yr Eisteddfod Genedlaethol a'r Teulu Brenhinol', roedd *Y Faner* wedi ymlidio yn wyneb difrawder Victoria a'i mab. Bu mor hyf ag edliw i'r frenhines y byddai'n siŵr o dderbyn gwahoddiad i'r brifwyl pe cynhelid hi yn yr Almaen: 'Ond gan mai "Cymru" bïau yr Eisteddfod, ni welir mohoni yn ei hanrhydeddu â'i phresenoldeb un amser, nac yn breuddwydio am anfon neb o'r "llangciau" sydd ganddi yn byw ar frasder goreu y wlad i'w chynnrychioli'. Carai'r *Faner* roi'r argraff nad oedd eu habsenoldeb o bwys: 'Cyfeiriwn at y ffaith yn unig i ddangos pa mor

Cyhoeddi Eisteddfod Genedlaethol Llundain, Tachwedd 1886, (o'r *Illustrated London News*). Clwydfardd yn llywio'r seremoni yng ngerddi'r Inner Templ.

amddifad o gydymdeimlad â phethau Cymreig ydynt hwy, ac mor lwyr ddiystyr y maent wedi bod o'r unig sefydliad gwir genedlaethol a feddwn'. Fe wyddai pawb am ddiddordebau'r Prins. Petai rasys ceffylau yng Nghaernarfon, siawns y gwelid ef yno! 'Os dyma ei bleser penaf, yr ydym yn tosturio wrtho; a bydded iddo ddeall y gellir cadw yr eisteddfod yn burion heb na Thywysog nac ap Tywysog: ac mai felly y gwneir.' Siarad iaith siom yn hytrach nag iaith annibyniaeth yr oedd *Y Faner*, wrth gwrs. Pan fu'r Prins yn glaf ymron at angau yn 1871 gweddïodd y Cymry drosto hyd at ymlâdd, a phan adferwyd ef, ni fu'r un rhan o'r Ymerodraeth yn uwch ei gorohïan. Cofier, cyn bod 'Diana mania' fe fu 'Edward Albert mania' – ac fe'i cafodd y Cymry hi'n ddrwg.

Fodd bynnag, tywysog didramgwydd, 'EIN TYWYSOG NI', a arweiniodd ei deulu i Neuadd Frenhinol Albert ar 12 Awst 1887 i dreulio orig yng nghwmni'r Cymry egstatig. Fe all ei fod wedi darllen y *Times* a'i cynghorodd i dderbyn 'the petition of the spokesmen of the Principality to its titular head' am y byddai'n siŵr o gyffwrdd calonnau'r bobol yn ddwfn wrth wneud: 'No race in the world is more susceptible to the influence of kindness or repays graceful attention

11

more completely'. I gyfeiliant band o delynau, cododd Eos Morlais, y tenor cenedlaethol, gyda chôr undebol anferth yn gefn iddo i ganu 'God Bless the Prince of Wales', ac erbyn iddo orffen, roedd 'Our Own Prince' megis un o'r duwiolion gerbron y miloedd. Mynnodd ei fod wrth ei fodd yn eu plith, canmolodd eu gwladgarwch a'u teyrngarwch i'r Goron, rhoes eirda i rym gwareiddiol eu 'ancient institution' y cofiai ei fam mor glir am yr argraff a wnaethai arni ym Miwmares yn 1832, ac fe'u sicrhaodd ei bod hi yn ymddiddori'n gyson 'in everything that concerns the progress and happiness of her Welsh subjects'. A gorlif eu boddhad eisoes yn bygwth boddi Neuadd Albert, terfynodd trwy ddweud wrth y Cymry ei fod ers blynyddoedd yn dyheu am gyfle i fod mewn eisteddfod yng Nghymru, dyna fuasai'i 'earnest desire', a rhagwelai 'that at no distant date it may be in my power to pay a visit to the ancient Principality whose name I am proud to bear'. O! wynfyd.

Aeth saith mlynedd heibio cyn iddo ymddangos yn Eisteddfod Genedlaethol Caernarfon, 1894 – diau oherwydd storm a gododd yn 1888 pan wrthwynebodd un o aelodau Cyngor Dinas Bangor, sef John Price, is-brifathro'r Coleg Normal, anrhegu'r Tywysog ar achlysur ei briodas arian. Oherwydd hynny diflannodd pob gobaith o'i ddenu i'r brifwyl ym Mangor yn 1890, ond roedd John Price yn ddiedifar. Nid oedd am wario swllt arno. Fe'i cefnogwyd gan gyd-flaenor o Fethodist, William Jones, gan yr Henadur John Evans a oedd yn Annibynnwr a chan y *Reynolds's News* gwladwriaethol, er mawr ddigofaint y *North Wales Chronicle* Torïaidd. Roedd Price yn euog o 'coarse and insulting remarks', megis: ' "If we are to make him [y Prins] a present, I don't know what form it should take; whether it should be a statue of Sullivan the pugilist or of a burlesque comic actress." ' Ac roedd William Jones yn euog o 'low-bred and disgracefully disloyal utterances', megis: ' "There are many persons in Wales who are quite as good fathers as the Prince of Wales, and who reared large families of children upon fifteen shillings a week with quite as much moral influence as the Prince of Wales is accustomed to bring up his children." ' Ni allai'r *North Wales Chronicle* ond sgrechian am ymddiheuriad gan y ddau a gwadu hawl 'Deacon William Jones... to dive into the domain of private scandal'.

Roedd Price a Jones ar dir corsiog iawn. Aethai 'pechodau'r cnawd' yn ddychryn i warcheidwaid y genedl ar ôl cyhoeddi'r Llyfrau

Gleision yn 1847 – hynny yw, yr oedd diogelwch delwedd gyhoeddus Cymru lân yn mynnu fod yn rhaid pregethu'n ddiddiwedd yn erbyn anlladrwydd o bulpud ac oddi ar lwyfan eisteddfod fel ei gilydd. Onid bost hyrwyddwyr eisteddfodau oes Victoria oedd eu bod yn cynnal sefydliad diwylliannol a dystiai'n ddi-ffael i rinwedd gwerin gwlad ddigymar? Rhaid oedd cadw trwynau'r Cymry ar faen moesoldeb cyhoeddus, didostur yn enw Cymru lân, ond yn enw teyrngarwch a chydnabyddiaeth frenhinol, annoeth oedd edliw i'r Prins ei remp a'i rwysg. Bid a fo am ragrith, roedd gofyn bod yn synhwyrol.

Yr oedd, wrth gwrs, yn ffaith wybyddus hyd yn oed yng Nghymru fod 'Bertie' yn gnuchiwr eclectig diarbed. Pan stiffhaodd pen-glin y Dywysoges Alecsandra ar ôl i'w gŵr priapig ei heintio â 'gonorrhoea', ymroes ei chyfeillesau triw i gloffi mewn cydymdeimlad â hi. Roedd yr 'Alexandra limp' yn brawf o'u hymlyniad wrthi. Ac fel prawf o'u hymlyniad wrth Gymru lân, mae'n debyg, daliodd y Cymry amlwg eu tafodau rhag cyhoeddi caswirioneddau am 'Our Own Prince'. (Ar wahân, hynny yw, i ambell greadur di-dact fel John Price a ymosododd drachefn ar ffaeleddau'r Tywysog yn 1890.) Pan gyflwynodd Syr J. H. Puleston (yr aelod seneddol Torïaidd dros Devonport yr ystyriwyd ei ddyrchafu'n farchog ym mlwyddyn y Jiwbilî yn anrhydedd i Gymru) anrheg Cymry'r gogledd i'r Tywysog a'r Dywysoges ym Malborough House ar achlysur dathlu eu priodas arian yn 1888, ni allai dim fod yn fwy cymwys na'u cyfarchion atynt: 'The principle of loyalty to the throne lies deep in the hearts of the Welsh people, and nowhere is the welfare of the Royal Family regarded with a more affectionate interest than in the Principality of Wales, where the devout prayers of Welsh hearts are constantly offered that both you and yours may long continue to enjoy the richest blessings which a gracious Providence can bestow'. Yr oeddynt, wrth gwrs, yn siarad dros y genedl.

Pan ddaeth y Tywysog a'i deulu i Brifwyl Caernarfon yn 1894 agorodd llifddorau mawl a diolchgarwch fel y gwnaethant flwyddyn yn ddiweddarach yn Aberystwyth pan orseddwyd ef yn Ganghellor Prifysgol Cymru. A phan fu farw'n frenin, canodd Gwilym Ceiriog foliant Edward VII mewn awdl a enillodd iddo gadair Eisteddfod Genedlaethol Caerfyrddin yn 1911 – awdl ffuantus sy'n profi un peth yn anad dim, sef cyn lleied oedd gan Gymru i ddiolch i 'Bertie' am a wnaethai drosti erioed. Ar y pwynt hwnnw y mae'n werth nodi nad

'Bertie'.

oes yng nghyfrol ddiweddar Stanley Weintraub, *The Importance of Being Edward: King in Waiting 1841-1901* (2000) yr un cyfeiriad at ei berthynas â'r wlad yr honnai fod yn Dywysog iddi. Ond rywsut, llwyddodd y Cymry i berswadio'u hunain yn 1887, yn 1894 ac yn 1911 ei fod megis anadl einioes iddynt. O leiaf, y mae lle i gredu iddo wneud un gymwynas â'r genedl cyn gadael Neuadd Frenhinol Albert ar 12 Awst 1887. Cododd ar ei draed pan ddechreuodd Eos Morlais ganu 'Hen Wlad fy Nhadau' gan sicrhau i'r 'gân eisteddfodol' statws anthem genedlaethol ddigamsyniol. Y bore trannoeth, cyhoeddodd *Y Goleuad* fod 'Hen Wlad fy Nhadau' bellach yn disodli 'God Save the Queen' mewn llawer cyngerdd ac ni raid dyfalu beth fuasai ymateb 'Bertie' i ddatblygiad o'r fath. Ni chodasai'r imperialydd tindrwm fodfedd o'i gadair pe rhagwelsai'r fath berygl.

Yn absenoldeb ei fam fe gâi'r Tywysog y clod a'r mawl a weddai iddi hi. Fel 'surrogate' iddi ac fel 'impresario' dathliadau'r Jiwbilî Aur yr oedd yn cael chwarae rhan llywiawdwr a wadwyd iddo gan Victoria dros y blynyddoedd oherwydd ei afradlonedd a'i drythyllwch. Y mae'n ddiamau iddo fwynhau ei gyfle er i Victoria ddeddfu y byddai'n cyfeirio at 'my dear Mother' yn ddi-ffael fel y deallai pawb ei fod yn siarad yng ngrym ei gwarant hi. Ym Mhrifwyl 1887, fodd bynnag, er gwaetha'i habsenoldeb, fe fyddai ei lle yn y canol yn ddiogel diolch i ddefod y cadeirio a welai brifardd yn cael ei wobrwyo (nid oedd perygl atal y wobr!) am awdl ar 'Y Frenhines Victoria'. Cystadlodd dau ar bymtheg am gadair dderw, deugain punt a bathodyn aur, a dyfarnodd y beirniaid, Tafolog, Dyfed ac Elis Wyn o Wyrfai, mai'r offeiriad, Berw (Y Parchedig Robert Arthur Williams), oedd yr enillydd. Barnai Tafolog fod nifer y cystadleuwyr 'yn awgrymu fod y beirdd Cymreig yn bur deyrngarol fel dosbarth arbenig o'r deiliaid'; gallasai ychwanegu eu bod yn ystod y bedwaredd ganrif ar bymtheg wedi codi twmpath o gerddi brenhingar, diawen ac na wnaethai cystadleuaeth y gadair yn 1887 ond ei chodi fodfedd yn uwch. Pan berfformiwyd 'Jubilee Ode' Tennyson i gyfeiliant cerddoriaeth Charles Villiers Stanford cyfeiriodd y wasg Lundeinig at 'inanities' a 'thunders moaning in the distance'. Gwell peidio dyfalu beth fuasai'u hymateb i awdlau'r Cymry.

Yn ei awdl fuddugol ar 'Brwydr Maes Bosworth' yn 1858, roedd Eben Fardd wedi ymffrostio yn hawl y Cymry ar Victoria. Profai ei hach eu hawl arni:

Victoria yn 1887.
(Portread swyddogol y Jiwbilî)

Ym Mosworth, planwyd mêsen
   Wnelai brif frenhinol bren!
A mêsen oedd o'n maes ni,
   O iawn ddâr ein hen dderi...
O Gymro têg, mae'r gwaed da
   Yn naturiaeth VICTORIA!

Yr oedd neb llai nag Ab Ithel, hyrwyddwr Eisteddfod Fawr Llangollen yn 1858, wedi cyhoeddi'r ffaith honno'n glir yn Eisteddfod Y Fenni, 1853, pan wadodd fod a wnelai'r sefydliad â chodi baner annibyniaeth yng Nghymru:

> Never was there a more ridiculous idea! 'The independence of Wales!' Why, Wales is strictly and emphatically independent; much more so than England. VICTORIA is peculiarly our own Queen – Boadicea rediviva – our Buddug the second, and is it to be supposed that anything could make us withold our allegiance from our own Sovereign?

Roedd mwy o waed y Celt na gwaed y Sacson yn llifo trwy ei gwythiennau, fel y tystiodd Ceiriog, Talhaiarn, Islwyn a Hwfa Môn hefyd yn eu tro, ac i 'Un o honom sy'n hanu' y canodd Berw yn fuddugoliaethus yn 1887. Petai Bob Owen, Croesor byw y flwyddyn honno gallasai gyfarch Victoria fel 'My Mother' yn gwbwl hyderus.

Y cyfan a wnaeth Berw i haeddu cadair Prifwyl Llundain oedd cynganeddu crynodeb gweddaidd o deyrnasiad y frenhines, ei moli yn enw Cymru a diolch i Dduw amdani:

Ni a'i hawliwn yn nheulu – Gwalia deg,
   Y wlad hoff o'i meddu;
A chan eiddgar wladgar lu
Hoff orchwyl yw ei pharchu.

. . . Anegwan Gristionoges – yw Buddug,
   Heb eiddil wag broffes;
Ac er dal ein cred hyles, – un ni fu
Fwy hawdd i'w phenu fel prif 'Ddiffynes'.

Dan ddylanwad Victoria fe dyfodd Prydain 'Yn fawr drwy gyfiawnaf fodd', oherwydd angylion o fath oedd ei milwyr petai eu gwrthwyn-ebwyr ond yn gallu gweld yn glir:

17

Victoria yn *Y Drysorfa*, 1887.   Victoria yn *Yr Haul*, 1887.

Hawddgar hedd ddwg y rhai hyn –
Hedd-effaith eu hamddiffyn;
Dyma'u nhod, ac nid mwynhau
Ymosod heb ddim eisiau!

Concro yn enw dyngarwch cyffredinol a wnâi Prydain bob tro y
cymerai ffansi at wlad pobol lai datblygedig, a dyna pam, mae'n
debyg, ei fod yn destun balchder cenedlaethol pan ymenwogai milwyr
o Gymru yn y rhyfela imperialaidd, fel y gwnaethant yn odidog ym
mrwydr Rorke's Drift yn erbyn y Zulus afresymol yn 1879.

Llyncodd y beirniaid y cyfan heb ddim trafferth. I Tafolog roedd
awdl Berw megis 'un o erddi Solomon . . . yn llawn o flodau a
ffrwythau mwyaf dymunol yr Awen Gymreig'. Nid oedd yn gerdd
gyffrous ei barddoniaeth ond yr oedd heb os yn ddarllenadwy ac 'yn
urddasol, heb fod yn chwyddedig'. Fe'i croesawodd Dyfed hi fel
'Awdl brydferth, ddirodres, ac yn llawn o natur', er nad oedd ynddi
'ddigon o fawrhydi brenhines, nac o nerth teyrnas'. Ac o bob bai
esgeulusodd Berw gofnodi fod Victoria yn Ymerodres India:
'Ystyriwn hyn yn ddiffyg pwysig, gan fod cysylltiad Prydain â'r wlad
hono yn debyg o'i gweddnewid yn foesol ac yn gymdeithasol. Y mae
yn syn na fuasai y bardd, er ei fwyn ei hun, wedi cymeryd mantais o'r
maes eang, cyfoethog, a barddonol hwn'. Hynny yw, y maes lle
gwelwyd milwyr Victoria yn holl rwysg eu dialedd cyfiawn wedi

18

Gwrthryfel 1857, a lle bu farw miliynau rhwng Mysore a'r Punjab yn ystod newyn 1876-77, yn bennaf oherwydd fod gan Brydain fwy o ofal am ddogma i *lassez-faire* nag am fywydau'r brodorion. Ond o leiaf nid oedd Berw wedi mynd â Victoria i'r ddawns fel y gwnaeth 'Prince Ghika', a pheri i Dyfed ddweud nad oedd 'fod y Gyfrol Ysbrydoledig yn son am ddawnsio yn cyfiawnhau dawnsfeydd tinboeth a thra llygredig yr oesoedd diweddaf'. Fe wyddai, mae'n amlwg, mor hoff oedd 'Bertie' o fynd i'r dawnsfeydd am gyplad.

Ar sail tystiolaeth yr awdlau i Victoria a'r derbyniad a gafodd ei mab a'i deulu ym Mhrifwyl Llundain, rhaid casglu fod ymlyniad y Cymry wrth y frenhines a'i hymerodraeth yn ddiollwng. Nid oedd ganddi achos i amau bwriadau 'Cymru Fydd', testun cystadleuaeth y cywydd y cynigiwyd pymtheg punt a bathodyn arian i'r enillydd – gwobr a rannwyd rhwng T. Melinddwr Davies ac Athan Fardd. Yn ôl y beirniaid – Tafolog, Dyfed ac Elis Wyn o Wyrfai eto – prin fod yr un o'r pump a gystadlodd yn haeddu ennill. Ysbryd y Jiwbilî a feddalodd eu barn a'r canlyniad fu rhannu'r wobr rhwng dau gywydd rhapsodig eu disgwyliadau am 'ryddid' a 'hawliau cyfartal' i'r Cymry, heb osio ymhél dim â materion gwleidyddol na chymaint â chrybwyll y gair 'annibyniaeth'. ADDYSG yn hytrach na gwleidyddiaeth fyddai gwaredigaeth 'Cymru Fydd'. Yn wir, wedi darllen cywydd Athan Fardd roedd Dyfed braidd yn anesmwyth er iddo groesawu'r testun am na fu 'adeg ar Gymru oddiar Gwymp Llewelyn yn talu cymaint o sylw i Gymru a Chymraeg ag a delir y dyddiau hyn, ac y mae rhagolygon y wlad yn fwy calonogol nag erioed'. Eto i gyd roedd gofyn bod yn ddoeth: 'Buasai llai o gyfeiriadau at y "Saeson" hefyd wrth eu henwau yn welliant. Goreu oll po leiaf o dramgwydd i ereill fyddo mewn caniadau fel hyn'. A gorau oll po leiaf o holi fyddai am sut a phryd y câi 'Cymru Fydd' ei rhyddid i drefnu ei thŷ ei hun. Yn 1887 digon oedd canu i'r gwynfyd anorfod heb boeni am ddull a modd:

> Pan lefa Gwalia gwelir
> Caniatâu ei heisiau hir;
> Hi gwyd ei llais gyda llef,
> Ail y diluw ei dolef;
> Ni thawa, ni huna hon,
> Hyf enwa ei gofynion;
> Ac ni thâl attal eto
> Ei gwir fraint i'n hygar fro;

Y fro deg i fri y daw,
A rhyddid yn ei rhwyddaw;
Canaf wrth wel'd y cynnydd
Yn nghol ein dyfodol fydd.

Chwedl Tommy Cooper, 'Just like that!'

Fe wnaeth T. Melinddwr Davies ac Athan Fardd yn fawr o'r cyfle i osgoi realiti 'Cymru Sydd' wrth broffwydo dyfodol gogoneddus i'r Gymraeg yng 'Nghymru Fydd', yn union fel y gwnaeth Glanffrwd yn ei bryddest ar 'Y Gymraeg' a enillodd iddo ddeugain punt a bathodyn aur dan feirniadaeth Isaled, y Parchedig Ddr. J. Cynddylan Jones a'r Parchedig David Adams, BA (Hawen). Mynnai'r beirdd fod yr heniaith i'w gorseddu mewn ysgol a choleg, fod dysgedigion a blaenoriaid y genedl i'w choledd a sicrhau iddi statws brenhines ymhlith ieithoedd byd:

Iaith ein bron cawn hon cyn hir
I'w lle, safle na syflir;
O anmharch i barch y byd,
I fawredd ca'i hadferyd.
Bri iaith hen y Brythoniaid
Fel lli yn ymgodi gaid;
Di-attal y daw eto
I'w hiawn fraint yn ei hen fro.

Chwarae teg iddynt, hawdd y gallai T. Melinddwr Davies ac Athan Fardd ddadlau fod ganddynt berffaith hawl fel beirdd i broffwydo gogoniant i Gymru a hafddydd i'r Gymraeg er gwaetha'r cymylau duon ar y gorwel agos. Onid dyna'u rhesymol wasanaeth? Onid oeddynt yn mynegi dymuniad gwaelod calon? Oeddynt, siŵr iawn, ac roeddynt yn megino hunan-dwyll y Cymry yn eu hymwneud â'u hiaith ar yr un pryd. Yn yr 1880au roedd eu henciliad oddi wrthi yn ofid a gâi sylw mynych yn y wasg. Trwy gydol y degawd, roedd y naill brifwyl ar ôl y llall wedi rhoi'r Gymraeg dan draed y Saesneg. Chwedl *Y Faner* drannoeth Eisteddfod Genedlaethol Aberdâr yn 1885: 'Siaradwyd llawer am yr iaith Gymraeg yn ystod yr Eisteddfod, eithr ychydig a siaradwyd o honi'. Ac meddai drachefn ar ôl Eisteddfod Genedlaethol Caernarfon, 1886: 'Waeth tewi na siarad yn erbyn y Seisnigeiddrwydd oedd mor eglur; a'r unig barch a gafodd yr hen iaith oedd ei chadw allan mor llwyr ag oedd yn bosibl bron, heb gydnabod ei farwolaeth'. Yn lle baldorddi am ' Oes y byd i'r iaith Gymraeg', buasai rhybudd 'Beware of the Welsh' yn onestach. 'Byddai hyny yn annhraethol fwy cysson ac anrhydeddus yn y Pwyllgorau.' Na, doedd rhagolygon yr heniaith ddim yn olau yn 1887.

Serch hynny, pedair pryddest faith, ddiofidiau a ganwyd i'r Gymraeg yn 1887 ac unwaith eto synhwyrir mai ysbryd y Jiwbilî a sicrhaodd y wobr sylweddol i Glanffrwd. Siomwyd Cynddylan a Hawen gan ddibristod y beirdd o ddatguddiadau diweddar ieithyddiaeth gymharol ac fe darodd Hawen hoelen eu diffygion ar ei phen:

> Yn deilwng o honynt eu hunain fel beirdd Cymreig, a disgynyddion awdwyr y Mabinogion a'r Chwedlau Arthuraidd, i diroedd gwynfaol rhamant disylwedd y maent yn ein harwain. Mewn diystyrwch hollol o ieithyddiaeth gydmarol, ac o berthynas yr iaith Gymraeg â'r ieithoedd Aryaidd, neu Indo-Ewropeaidd, gorfolir a gor-ganmolir teithi yr iaith Gymraeg fel pe yn unig feddianydd y rhagoriaethau y cyfeirir yn farddonol atynt.

Gresynai at barhad y ffiloreg am darddiad Edenaidd a phurdeb digyfnewid y Gymraeg: 'Ofnwn, pe cyfieithid rhai darnau o rai o'r pryddestau hyn, y cai y Philistiaid Seisnig wledd na chawsant ei bath er ys llawer dydd . . . Yn ddiau, nid swyddogaeth fawr barddoniaeth yw perarogli a cheisio tragwyddoli cyfeiliornadau, ond yn hytrach rhoi corfforiad newydd i egwyddorion, a gwisgo gwirionedd mewn diwyg newydd brydferth'. Ni fynnai Hawen dramgwyddo'r cystadleuwyr, onid ê buasai'n dweud 'fod llawer blodeuyn tlws o farddoniaeth geir yn y pryddestau hyn yn tyfu nid yn nhiroedd breision gwirionedd, ond yn nghorsleoedd anwybodaeth a hunan-foliant cenedlaethol'. Gellir bod yn siŵr o un peth – petai'r Athro John Rhŷs yn beirniadu fe fyddai'r wobr wedi ei hatal!

Y mae'n anodd credu na wyddai Glanffrwd, marwnadwr hen fywyd Cymraeg Llanwynno, mai iaith enciliad oedd yr iaith y canodd iddi mor ffri yn 1887, iaith yr oedd mwy a mwy o'i siaradwyr dosbarth-canol yn colli'r awydd i'w siarad a'r ewyllys i'w throsglwyddo. A rhaid casglu, felly, iddo ganu'n fuddugoliaethus am ei goroesiad dros y canrifoedd ac yn heulog am ei dyfodol er mwyn dangos i'w gydwladwyr y trysor yr ofnai eu bod ar fin ei daflu ymaith. Fe ddylid ei chadw, ac fe ellid ei chadw, yn unol â doethineb yr oes, yn iaith calon, aelwyd a chapel, yn iaith antiseptig 'Cymru lân, Cymru lonydd', yn iaith teyrngarwch a hydrinedd:

> Hi ydyw canolbwynt ein cenedlaetholdeb,
> Yn gystal a chyfrwng teimladaeth ein bron;
> Cenedl gyferfydd o'i chylch mewn sirioldeb –
> Addolwn, gweddïwn yn oraf yn hon;
> Y mae yn cyweirio ein holl ymraniadau,
> Ynddi daw'n holl opiniynau yn un,
> Pan safwn o'i chylch mewn edmygedd i adnau,
> Hon ydyw iaith calon y genedl ei hun.

Fe ganodd Glanffrwd i iaith ddidramgwydd mewn gwlad y curai'i bywyd materol yn fwyfwy cyflym i rythmau'r Saesneg. Ac fel bardd â'i lygad ar ddeugain punt o wobr yr oedd yn hapus i ategu'r ddoethineb ffasiynol. Nid oedd disgwyl i'r Gymraeg ddwyno'i dwylo â masnach ac yr oedd yn dilyn felly, wrth reswm, na chyffyrddai ei llenyddiaeth â chownteri materoliaeth:

> Iaith ein llên, nid iaith masnachaeth –
> Rhy farddonol iddi hi
> Wyt, nid hoffa marsiandiaeth
> Ddyfod i'th heolydd di;
> Uwch a phurach yw dy awyr,
> Gwyrddach, iachach yw dy dir;
> Anadl bywyd yw'th gysewyr
> I gyneddfau'r awen wir.

Daethai'r trên a'r trydan yn eu tro i brysuro iwtilitareiddio bywyd Cymru, ond nid oedd y naill na'r llall

> Wedi troi yn anghysegrol,
> Nac anserchol ddim o'n hiaith.

A dyna'r cysur i gyd! Fe gâi'r Saesneg redeg y sioe mewn gorsaf a phwerdy – a phob man anghysegredig arall – â chroeso.

Ar ddiwedd ei bryddest gwysiodd Glanffrwd un o brif ffigurau emblematig Cymru lân i dystio mai byw eto fyddai'r iaith. Ail Alun Mabon yw'r bugail sy'n cydio'r bryniau oesol a'i famiaith yn un yn ei fawr awydd i'w gweld yn goroesi, ac sy'n ffyddiog y câi ei diogelu gan werin gwlad a'i carai fel erioed:

> . . . Ac os nad yw yn iaith ein deddf,
>   Na iaith y llys, mae'n iaith ein cân,
> Mor gref a nwyd, mor ddofn a greddf
>   Anwesaf calon Cymru lân!

Ond rhag ofn, jyst rhag ofn, ychwanegodd y bardd ddiweddglo sy'n sôn am Batagonia fel estyniad i deyrnas y Gymraeg. Yn 1866 roedd Thomas Gee wedi ymgysuro yn y posibilrwydd y byddai bywyd ehangach i'r heniaith ar lannau'r Mississippi pan fyddai'n darfod yn Eryri ar wefusau'r bugail olaf i'w siarad. Gwell gan Glanffrwd oedd meddwl amdani nid yn ffoi o Gymru cyn darfod ohoni ond yn ceisio mwy o le i ymestyn am fod 'Ei phebyll yma . . . yn gul a thyn'. A dyna ddyrchafu'r Gymraeg, er gwaethaf y proffwydi gwae, i blith yr ieithoedd imperialaidd a oedd yn hawlio tiriogaethau newydd i'w swae! Yn ateb i gyfarchion ei threfedigaethwyr, wele gyfarchiad y famwlad:

> 'Boed ffyniant llwyr i chwi a newydd hynt
> Y tir yn gartref newydd wnaethoch mwy;
> Nodwedder ef a Gwalia yr ochr hon
> Fyth gan dangnefedd gloew a Chymraeg;
> Un fydd y galon gura dan ein bron
> Tra cyd-siaradwn ni'r hynafol Aeg!

Er cyfyngu ar ei pheuoedd yn unol â disgwyliadau Cymry ymarferol y dydd, yr oedd Glanffrwd, fel T. Melinddwr Davies ac Athan Fardd, am gydnabod y Gymraeg yn hanfod Cymreictod o hyd ym mlwyddyn y Jiwbilî. Roeddynt yn bendant am sicrhau ei gwerth symbolig waeth beth am ei stad yn y Gymru real. Yn wir, o'u cymharu â'r gwŷr da a fu'n llywyddu ac yn annerch yn Adran y Cymmrodorion ar ragolygon a phriod le'r Gymraeg yn y bywyd cenedlaethol, ymddangosent yn eithaf iach yn y ffydd. Mae'n symtomatig o'r oes fod sylwadau'r *Times* ar Eisteddfod y Jiwbilî wedi'u croesawu fel prawf o droedigaeth y 'Thunderer' er 1866 pan oedd am gladdu pob 'Welsh speciality'. Erbyn 1887, cawsai'r *Times* olwg newydd ar ddiniweidrwydd y Gymraeg fel y gallai annog pob 'right-thinking person' i gefnogi ei cherdd a'i chân. Pam? 'The Welsh language is inevitably yielding year by year in the struggle for existence. English, taught in every Welsh school and employed in every market-place where Welshmen and Englishmen meet together, steadily wins its way; and the Welsh are rapidly becoming a bilingual people.' Gallai'r 'Thunderer' ymlacio gan fod Duw a Darwin yn aelodau mor frwd o'i staff. Gallai fforddio bod yn fawrfrydig: 'No sensible Englishman, however much he may be resolved to maintain the unity and the authority of the Imperial Parliament, desires to stamp out the individual elements which lend so much interest and variety to the different parts of the Queen's dominions'.

Hawdd y gallai'r *Times* ymlacio. Yn anerchiadau llywyddion y dydd ac yn sesiynau Adran y Cymmrodorion cafodd ddigon o brawf fod y Cymry ar y llwybr iawn. Wedi iddo lawenhau yng ngoroesiad y delyn a chanu penillion aeth Arglwydd Mostyn ati i atgoffa'i gydwladwyr o'u braint: 'they formed part of a great and glorious empire and . . . it behoved all to do all in their power to maintain the integrity and unity of that empire'. Siaradodd Henry Richard, AS, yn y Gymraeg i ddechrau cyn troi i'r Saesneg yn ffyddiog 'that such of our kind English friends as have favoured us with their presence here to-day will forgive me for occupying the few minutes I have done in speaking to my countrymen in their own language'. Amddiffynnodd ei famiaith a oedd yn iaith calon cenedl, a'r brifwyl fel sefydliad amholiticaidd nad oedd rhwystro lledaeniad y Saesneg yn fwriad ganddo o gwbl. Yr oedd yn bod yn bennaf i ddathlu'r gorffennol a thraddodiadau'r tadau: 'We want merely to cherish and cultivate our ancient language and literature and to transmit down to posterity the same love of history and its traditions that we have received from our ancestors'. Ac i wneud hynny'n gwrtais, gweddus oedd ymddiheuro am siarad y Gymraeg 'am ychydig' yn yr Eisteddfod Genedlaethol.

Roedd y bardd di-Gymraeg, Lewis Morris, am i'r Saeson ymatal rhag ceisio gwneud yr hilion eraill dan eu rheolaeth yn 'copies, not very successful probably, of the great English type'. Ar yr un pryd, roedd am i'r Cymry ymgadw rhag 'ignoble self-satisfaction', gan ymroi i ddysgu gwersi iwtilitariaeth Lloegr ac uchelgeisio am addysg amgenach i'w gwlad. Buddiol fyddai iddynt ddechrau gyda'r brifwyl, trwy roi mwy o bwys ar ddysg ymarferol a mwy o le (eto fyth!) i'r Saesneg. Fel cynifer o'i gyd-apolegwyr, tuag at fwy o Seisnigeiddio yr anelai gwladgarwch 'Cymric' Lewis Morris yn ddi-ffael. Canmolodd Syr John Puleston, AS, deyrngarwch diwyro'r Cymry, rhagwelai ddyfodol disglair i'r heniaith, 'the language of the old fireside at home', disgwyliai bethau mawr gan ADDYSG, a gwyddai y byddai popeth yn iawn dim ond i'r Cymry gofio a chredu'r hyn a ddywedodd Henry Richard unwaith: 'Our destinies are more closely bound up with our Anglo-Saxon neighbours than any part of the United Kingdom; whatever is done for England is done for Wales'. Neu fel y dywedodd Morgan Lloyd, AS, yn y 'Conversazione' yn Neuadd y Dref, Holborn: 'He was a thorough Welshman but he could not forget that every Welshman was also an Englishman . . . Whatever benefited Englishmen would benefit Welshmen and vice verza'. Chwarae teg i Morgan Lloyd, yr oedd blynyddoedd o huodli eisteddfodol wedi'i benysgafnu, a bu'r Jiwbilî yn ormod iddo.

Gerbron y Cymmrodorion darllenodd Beriah Gwynfe Evans, ysgrifennydd Cymdeithas yr Iaith Gymraeg, bapur ar 'The place of the Welsh language in elementary education in Wales'. Pwysleisiodd nad oeddynt am ynysu Cymru, eu bod o blaid y Saesneg ac yn daer o blaid gwlad ddwyieithog lle câi plant y Cymry dyfu i barchu eu hunaniaeth trwy gyfrwng ysgolion a rôi werth ar eu mamiaith. Yr oedd aelodau'r Gymdeithas yn glir eu meddwl mai cenedl ddirywiedig fyddai ffrwyth polisi'r 'Welsh Not': 'They believed that the systematic ignoring of the Welsh language in the schools, the degradation tacitly connected with it in their children's school career, had had a debasing influence on the character of their nation, and tended to implant habits of self-doubt, servility, and possible deceit, foreign to their nature and fatal to their true advancement'. Ni chreodd ei eiriau ddim cyffro.

Roedd yr arolygwr ysgolion, William Edwards, BA, lawn mor sicr mai drwg digymysg oedd erlid y Gymraeg o'r ysgolion, a beiai'r Cymry, *pwy arall*?, am oddef trefn a oedd yn rhwym o dlodi'r genedl a'i gadael megis yn glaf o'r parlys. A oedd yn deg 'that even a barbarous dialect should be so ignored in education as Welsh was at present?' Roedd yn rhaid agor y drysau i ddwyieithrwydd. Ond – nid er mwyn bytholi'r Gymraeg y dadleuai'r *HMI* hwn dros ddwyieithrwydd. Fel modd i sicrhau y byddai'r famiaith farw yn anrhydeddus y pleidiai ei lle yn yr ysgolion. Pan ddarfyddai am y Cymry uniaith buan y darfyddai am yr iaith wannaf. Ni châi hi felly mo'i thagu'n hyll; i'r gwrthwyneb, byddai farw'n urddasol ar ôl cymodi'r genedl â'i theg ddyfodol Seisnigedig hi:

Welsh would have done its work. The continuity of the nation would have been preserved. The parents and the children would not have been made strangers by the premature forcing of an alien language. The children of the English resident would be brought into kindlier intimacy with the children of the Cymry. Finally, time would have been given for the transference of whatever was worthy in Welsh literature to the kindly keeping of that universal inheritor, the language of England, in which the genius of the Welsh would find a larger and more durable home.

Chwedl Tommy Cooper eto, 'Just like that!'

Ar fater 'marwolaeth naturiol' i'r Gymraeg, protestiodd gwron o'r enw H. W. Lloyd, er difyrrwch i'w gynulleidfa, yn erbyn 'any galvanic system being pursued to keep it alive', a rhybuddiodd Mr. W. Rathbone, AS, 'that anything in the shape of exclusiveness without regard to the preservation of the empire would be a curse and a weakness'. Ond llawer mwy arwyddocaol oedd ymateb gŵr o ansawdd y Dr. Isambard Owen, un o benseiri Prifysgol Cymru, a nododd fod llawer hyd yn oed o aelodau Cymdeithas yr Iaith Gymraeg yn rhag-weld ei thranc buan, tra oedd ef ei hun o'r farn mai mater oedd hwnnw 'which might safely be left to a higher power'. Rhwng Duw a'i gawl unwaith eto. Felly cynigiodd a phasiwyd yn ddi-boen: 'That this meeting, while deprecating alike attempts artificially to maintain or destroy the Welsh language, cordially approves of the proposals of the Society for Utilizing the Welsh Language, to make use of it as a means of promoting the elementary, intermediate and higher education in Wales'. A chymryd trafodaethau Eisteddfod Jiwbilî 1887 yn garn i'r gosodiad, prin ei bod yn annheg dweud nad ar don o argyhoeddiad caredigion a fynnai iddi barch a bri parhaol y cafodd y Gymraeg fynediad i'r gyfundrefn addysg. Awelig o bragmatiaeth a agorodd ddrysau ysgolion y wladwriaeth iddi. Roedd rhywbeth a elwid yn 'chwarae teg' yn yr aer – yn ogystal â'r tebygolrwydd yr arweiniai'r 'bilingual difficulty' at farwolaeth esmwyth y Gymraeg. Tra'n ewyllysio milflwyddiant i Ymerodraeth Prydain a nawdd Rhagluniaeth i Victoria, fe gâi'r Gymraeg gymryd ei siawns yn lotri esblygiad.

Trwy gydol yr ugeinfed ganrif fe fuwyd yn talu pris yr 'athroniaeth' wantan a oedd yn 1887 yn gwylad iaith yr oedd 54 y cant o boblogaeth Cymru yn ôl Cyfrifiad 1891 yn ei siarad. Ac yr ydym yn dal i'w dalu. Mewn arolwg ar ddyfodol yr iaith a gomisiynwyd gan BBC Cymru ar gyfer rhaglen a ddarlledwyd yn Chwefror 2002, fe gafwyd fod 32 y cant o'r rhieni Cymraeg a holwyd fyth yn siarad yr iaith â'u plant. Esboniodd un fam ar un o raglenni Radio Wales na welai ddim o'i le ar hynny gan ei bod yn danfon ei phlant i ysgol Gymraeg! Ac fe garai ambell sylwebydd i ni gredu ein bod bellach yn ddihangol o gyrraedd cymhlethdodau oes Victoria!

Diolch i Dduw ni chadeirir neb am awdl i Elisabeth yr Ail mewn Eisteddfod Jiwbilî yn 2002 ac ni chynigir twba o jin am farwnad i'r Fam Frenhines. Y mae meddwl am alarwyr hur ein Cynulliad yn ymroi i fydryddu'r ffiloreg a facswyd ganddynt i'r 'last Empress of India' 'yn enw'r genedl' yn oeri ymysgaroedd dyn. Roedd marwnadwyr eisteddfodol oes Victoria yn Daliesiniaid wrth eu hochor. Ac ni ddaw Tywysog Cymru i Dyddewi yn foddfa o ddagrau seremonïol ar drywydd cysur 'God Bless the Prince of Wales'. Na, cafodd rhai aelodau o'r teulu brenhinol gymaint hwyl yn syrcas y cnawd yn ail hanner yr ugeinfed ganrif nes fforffedu'r hawl i'w cymryd o ddifrif gan y mwyafrif o eisteddfodwyr. Ond y mae'n wir fod yn ein plith eto rai – y gweddill ffyddlon – sy'n dal mai braint gwerin gwlad yw cael ei marchogaeth yn rheiol. Pawb â'i ddiléit.

Na, ni fyddan 'nhw' ar faes Prifwyl Tyddewi eleni ond fe fydd Cymdeithas yr Iaith Gymraeg, Cylch yr Iaith a Cymuned yno am fod yr ansadrwydd a'r dryswch meddwl a'r dihidrwydd a oedd megis cynrhon yn afal Cymreictod yn 1887 wrth eu gwaith o hyd. Maent wrthi yn enw tegwch y farchnad rydd yn rhesymoli a chyfiawnhau boddi'r bröydd Cymraeg sy'n weddill dan donnau'r mewnlifiad – yng Ngheredigion, os cânt eu ffordd, fe godir miloedd o dai croeso gan gynghorwyr sydd wedi meddwi ar stori Cantre'r Gwaelod. Yng Nghaerdydd yn ddiweddar cyhoeddodd Llywydd ein Cynulliad Cenedlaethol, yr Arglwydd Dafydd Elis Thomas, nad oes bröydd Cymraeg bellach yn bod o gwbwl, ac oni fynnodd rhai o aelodau Pwyllgor Addysg y Cynulliad hwnnw sensro tystiolaeth Dafydd Glyn Jones, un o'n dysgedigion praffaf, dros sefydlu Coleg Cymraeg o fewn ein Prifysgol am fod rhai o'i ddadleuon yn 'hiliol' (ym marn y Prif Weinidog, Rhodri Morgan, nid oedd Dafydd Glyn Jones yn llawn llathen). Megis ddoe, yn wir, y bu Jiwbilî Aur Victoria ac yn brawf pellach o hynny, yn driw i arferion gwasg Saesneg yr oes honno, y mae gennym y *Welsh Mirror*, twll tin Llafur Newydd yn ein gwlad, i ollwng rhechfeydd cyson ei ddirmyg a'i gasineb yn wyneb y Gymru Gymraeg.

Y mae'n sicr yn werth dwyn Eisteddfod Jiwbilî Victoria i gof oherwydd fe wnaeth hi ei rhan i lacio gafael Cymry'r dydd ar eu priod etifeddiaeth. Boed gwybod amdani yn help i Brifwyl Tyddewi eleni ein hargyhoeddi o'r newydd o fawr werth yr etifeddiaeth honno a thynhau ein gafael arni.

JIWBILÎ 1897

E. G. Millward

O GYMRO teg, mae'r gwaed da
Yn naturiaeth VICTORIA!

Eben Fardd, Awdl Brwydr Maes Bosworth, 1858.

"Mi 'rydw i'n ofni eich bod chi'n fflatro gormod arna i, Mr.
Dafis," ebra hitha dan wenu arna i.

Y Frenhines Victoria yn Dafydd Dafis,
sef Hunangofiant Ymgeisydd Seneddol (1898) gan Beriah Gwynfe Evans.

Yr oedd Dydd Mawrth, 22 Mehefin, 1897, yn ddiwrnod heulog, braf.
Arhosodd coets y Frenhines Victoria wrth risiau porth mawr Eglwys
Gadeiriol St. Paul, wedi iddi arwain yno orymdaith ysblennydd o ryw
hanner can mil o filwyr, oll yn eu lifrai seremonïol, lliwgar, o bob
rhan o'r ymerodraeth fwyaf a welodd y byd erioed. Yr oedd strydoedd
Llundain yn ferw o ddeiliaid teyrngar, brwdfrydig, a phob man o
gwmpas yr eglwys gadeiriol yn orlawn o urddasolion, gyda llu o rai
llai urddasol, ond yr un mor addolgar, yn llenwi ffenestri'r adeiladau
cyfagos, yn awchus am weld y pasiant digymar hwn yn datgan i'r byd
oll ogoniant trigain mlynedd o deyrnasiad dros ymerodraeth a
gynhwysai bron chwarter y byd a rhyw chwarter o'i boblogaeth.
Gwariwyd chwarter miliwn o bunnau ar addurno strydoedd Llundain.
Taniwyd dwy fil a hanner o goelcerthi ar y bryniau a threfnwyd
dathliadau ledled gwledydd Prydain ac yn y trefedigaethau pell.
Dylifodd *memorabilia* o bob math o'r siopau: medalau, mygiau, papur

wal, hancesi, dalennau caneuon, ac argraffiadau coffaol o bapurau newydd a chylchgronau fel yr *Illustrated London News*.

Yn bwysicaf oll, yr oedd pawb yn ysu am weld yr hen fenyw fach a oedd yn teyrnasu ar ei hymerodraeth ddigyffelyb. Erbyn hyn yr oedd hi'n tynnu at ei phedwar ugain oed a châi drafferth i gerdded yn urddasol-frenhinol. Awgrymwyd wrth drefnu'r uchafbwynt godidog hwn i ddathliadau'r Jiwbilî Ddiamwnt y dylid tynnu'r goets frenhinol i mewn i'r eglwys gadeiriol oherwydd musgrellni cynyddol Victoria. Ond penderfynwyd na fyddai hynny'n briodol a chynhaliwyd y gwasanaeth yn yr awyr agored. Yn gysgod rhag yr haul cariai'r frenhines barasól gwyn a gwisgai ffrog lwyd a du ac arni addurniadau arian bychain yn cynrychioli rhosynnau, ysgall a hyd yn oed siamroc, er gwaethaf y trafferthion diddiwedd yn Iwerddon. Nid oedd ar ei gwisg ddim i nodi bod Cymru yn rhan o'i theyrnas.

Prin fod neb o feirdd Cymru yn gwybod bod gwisg Ei Mawrhydi yn cydnabod bodolaeth tair gwlad y deyrnas ac yn anwybyddu'r bedwaredd a phe gwybuasent mae'n sicr na fyddai hynny wedi mennu dim ar eu hymateb i'r Jiwbilî Ddiamwnt. Perlewyg yw'r disgrifiad gorau o'r ymateb hwnnw. Cafwyd patrwm diogel gan y Parchedig Robert Arthur Williams (Berw,1854-1926) yn awdl y gadair yn Eisteddfod Genedlaethol Llundain, 1887 (a ailgyhoeddwyd yn *Y Geninen*, 1898), y lle priodol ym marn y trefnyddion i gynnal yr ŵyl ym mlwyddyn y Jiwbilî Aur. Deng mlynedd wedyn derbyniwyd ymdriniaeth lesmeiriol Berw ac awdl ail orau Glan Llyfnwy yn edmygus gan y beirdd ac aethant ati i gynhyrchu molawd mwy orgasmig byth am 'ein Buddug ni' mewn cystadleuaeth frwd â'i gilydd am yr enw Pen Bardd Teyrngarwch.

Gellir cael blas ar yr ymrestru teyrngarol hwn yn y cerddi a ymddangosodd yn *Y Geninen* a'r cyfnodolion enwadol. Gosododd Symlog y cywair trwy gysylltu hen chwedloniaeth â sbloet 1897:

> Mae ysbryd teyrngarol yr hen Ynys Wen
> Yn bloeddio – "Hir oes i Victoria".

'Addfwynaf weddw fanon' oedd y frenhines i Ddewi Medi. 'Ein hoffus Fuddug' oedd hi i 'Gymro Teyrngarol'. Clywodd Watcyn Wyn dde a gogledd yn canu clodydd 'Buddug Prydain, gain ei gwedd':

> Oes hir i Frenhines Hedd
> Udgana De a Gwynedd.

Y DYSGEDYDD.

Hen. Gyf.—904.   GORPHENAF 1897.   Cyf. Newydd.—304.

1837 · RECORD REIGN · 1897

Jubilee Celebration 1837.

Coronation 1838.

Her Majesty the Queen

Proclaimed Empress of India 1876.

Marriage Ceremony 1840.

ALEXANDRINA VICTORIA.

GANWYD y Dywysoges Alexandrina Victoria ar y 24ain o fis Mai, 1819, yn mhalasdy henafol Kensington yn Llundain. Unig blentyn ydoedd i Edward y Duc o Kent, pedwerydd mab Sior III., a brawd i'r brenin diweddaf, William y IV. Bu farw ei thad

31

WHAT TO DO WITH SOME OF THE JUBILEE DECORATIONS.

Send them to Foreign Parts, where they would be greatly appreciated.

'Teyrn hedd fu Victoria i ni' meddai Meigant yntau. I Bedrog 'hen anwyl Frenhines gwlad awen'. Pwysleisiodd Hwfa Môn 'enw glân . . . Victoria bur' a'r heddwch eto a gafwyd dan ei theyrnasiad:

> Teyrnasodd ar ei sedd
> Dan belydr heulwen hedd,
>   Drigainmlwydd llawn.
> Pob cenedl dan y nef
> Ddyrchafant ag un llef,
>   Ei mawl dilyth, –
> A Duw ar orsedd wen,
> A'i law gorona ben
>   Victoria byth.

Ysbrydolwyd Gwalchmai, a fu farw yn gynnar ym mlwyddyn y Jiwbilî, i gynhyrchu ei fersiwn ei hun o'r anthem genedlaethol, fel Talhaiarn yn gynharach. Gwnaeth Gwalchmai waith digon derbyniol a chanadwy ar yr anthem, gan bortreadu Victoria, yn ei dro, fel teyrn dan fendith arbennig y nef:

> Duw, cadw'n Teyrn, sy'n awr
> Ar orsedd Prydain Fawr,
>   Victoria lân;
> Dy nodded, Iôr y nef,
> Fo iddi'n darian gref,
> Hyn ydyw unol lef
>   Ein cywir gân.
>
> Gwasgarer ar bob pryd,
> Elynion hon i gyd,
>   Ar dir a môr;
> A'u holl amcanion hwy
> Fo yn siomedig mwy,
> Teyrnased hithau drwy
>   Amddiffyn Iôr.
>
> Bendithion pennaf byd
> Ddisgyno arni'n nghyd,
>   Dan nefol rad;
> Cyfiawnder pur a hedd,
> A ddiogelo'i sedd,
> Dan lewyrch Dwyfol wedd,
>   Ein tyner Dad.

33

Gan William Eilir Evans, yr offeiriad a'r bardd o Genarth, a oedd ar staff y *Western Mail,* cafwyd 'Anthem y Genedl' ar gyfer holl wledydd yr ymerodraeth, a gyhoeddwyd yn yr argraffiad arbennig o'r papur. Fel clerigwr trawodd nodyn cyfarwydd yn y gerdd – wele'r gytgan:

> Am gadw ein Brenhines dros yspaid trigain mlwydd:
> I Frenin y Brenhinoedd rhown glod o galon rwydd!
> At Frenin y Brenhinoedd mae'n gweddi oll yn awr,
> Ar iddo byth roi'i nodded dros Frenhines Prydain Fawr.

Gofynnodd y *Western Mail* am ateb cryno gan oriel o bwysigion i'r cwestiwn beth oedd yr un peth pwysig a nodweddai deyrnasiad y frenhines. Mewn rhifyn bron yn gyfan gwbl Seisnig ei gynnwys cafwyd ymateb gan arweinwyr fel Watcyn Wyn, Charles Ashton, Evan Pan Jones, Cranogwen, Llew Llwyfo, Gurnos Jones ac Edward Annwyl, a'r mwyafrif o'r rhain yn syber o gonfensiynol, gan bwysleisio ystyriaethau fel cynnydd a chrefyddolder. Ond nid felly Pan Jones, a welodd

> society drifting mysteriously, but forcibly, towards general Republicanism, or Republic of nations, everything tending to recognise the Fatherhood of God and the brotherhood of man.

Gan Lew Llwyfo y cafwyd yr ateb mwyaf difyr. Y datblygiad pwysicaf yn ystod oes Victoria, meddai, oedd dyfodiad y 'New Woman' a dyfynnodd englyn i oleuo'r pwnc am wraig mewn ffair yn curo ei gŵr anynad:

> Hi gwnws, hi neidws i'r nen; – â phastwn
> Hi ffustws ei gefen;
> Hi gnocws, dolcws ei dalcen;
> Pan gwaeddws baeddws ei ben.

Mewn penillion ychydig yn fwy parchus yn *Y Diwygiwr* canodd Ann Morfydd Jones, bardd o Gaerfyrddin, am yr amddiffyniad nefol a gadwodd Victoria yn ddiogel rhag yr aml geisiadau i'w lladd (saith rhwng 1840 a 1882):

> Amcanwyd dwyn ei bywyd,
> Drwy frad gelynol haid,
> Ond dyogel yw Victoria –
> Mae Brenin Nef o'i phlaid.

Erbyn 1897 yr oedd deiliaid Victoria wedi anghofio am ei henciliad ar ôl marwolaeth Albert ei gŵr yn 1861, y blynyddoedd pryd y tyfodd syniadau gweriniaethol yn Lloegr. Enillasai'r frenhines barchedig ofn y mwyafrif unwaith yn rhagor. Yr oedd cwlt Victoria wedi hen ymsefydlu. Yr oedd hi bellach yn weddw ddioddefus, bur, a oedd i'w hofni hefyd fel teyrn yr ymerodraeth rymus, fyd-eang. Gwrthrych cydymdeimlad, edmygedd di-ben-draw ac ofn gweddus oedd hi. 'Model Queen and an ideal woman and wife', meddai'r *Western Mail* ar achlysur ei marwolaeth. Yng ngeiriau Tennyson yn un o'i gerddi i'r frenhines:

> Her court was pure; her life serene;
> God gave her peace; her land reposed;
> A thousand claims to reverence closed
> In her as Mother, Wife and Queen.

Yr oedd ffigurau fel y plentyn amddifad a'r weddw anffodus yn gyfarwydd yng ngwaith artistiaid a llenorion y cyfnod. Ffrwyth y syniad cyfoes ynghylch purdeb moesol y wraig ddelfrydol yw'r pwyslais cyson ar 'lendid' a 'phurdeb' y frenhines. Yr oedd Victoria yn ymgorfforiad o rinweddau annwyl yr oes. A rhaid oedd cydnabod na welwyd erioed y fath ymerodraeth ddaionus a ymledodd dros y byd dan ysbrydoliaeth ac arweiniad sicr rhagluniaeth fawr y nef. Nid amheuodd neb o'r beirdd ddilysrwydd a daioni'r Ymerodraeth Brydeinig. Yr oedd yn destun llawenydd a balchder unigryw. Efallai mai cerdd Watcyn Wyn 'Teyrnasiad Victoria' yn *Y Diwygiwr*, 1897, yw'r dystiolaeth orau ym mlwyddyn uchafbwyntiol teyrnasiad Victoria i'r modd yr ymrestrodd y beirdd gydag imperialwyr Lloegr. Ceir gan Watcyn Wyn yntau y gymhariaeth chwithig â Buddug a'r Buddug gyfoes yn mwynhau bendith y nef:

> Ein Buddug ni …
> Ei Duw a'i daliodd ar ei gorsedd gref.

Fel ei gyd-feirdd y mae Watcyn Wyn yn rhestru rhinweddau a chyfraniad mawr Victoria mewn amrywiol feysydd: 'Anadlaist (*sic*) o blaid heddwch'; 'maethu celf a gwyddor'; 'pleidio addysg'; 'o du cyfiawnder ac yn erbyn trais' a'r rhestr yn cyrraedd uchafbwynt addolgar:

Di Fanon deg, buost yn nawdd a nerth
I fil o symudiadau sy'n rhoi gwerth
Ar fyd a bywyd, bu dy orsedd wen
Yn gysgod rhinwedd, a'th goronog ben
Yn addurn crefydd; …

Ac y mae'r cyn-löwr hwn yn fwy na balch i arddel Victoria fel teyrn imperialaidd:

Ei llednais law dderbyniodd nerth o'r nef
I estyn allan deyrnwialen gref
I gyrau eitha'r ddaear; Prydain Fawr
Estynodd ei therfynau dros y llawr
I bob cyfandir dan deyrnasiad hon;
Plyga cenhedloedd lawer dan ei bron,
A gwyrant i'w llywodraeth; darnau drud
O gyfandiroedd cyfoethoca'r byd
Sy'n talu teyrnged iddi; gwledydd pell
Sy'n uno eleni i waeddi, "Henffych well,
Frenines (sic) fwyn, ac Ymerodres fawr,
Llwydded dy deyrnas dros y ddaear lawr".

AT THE DIAMOND JUBILEE.

First Doubtful Character. "MY EYE, MATE, THIS IS A SQUASH!"
Second D. C. "SQUASH! WHY, S'ELP ME, IF I AIN'T 'AD MY 'AND IN THIS COVE'S POCKET FOR THE LARST TWENTY MINITS, AN' CAN'T GET IT OUT!"

I ddiweddu ceir cyfeiriad anniffiniol at 'ryddid' gwledydd yr Ymerodraeth, y math o gyfeiriad amwys mewn perorasiwn a fyddai'n dderbyniol i ysbryd rhyddfrydig ac imperialaidd yr oes yn null A. C. Benson yr un pryd a'i 'Land of Hope and Glory / Mother of the free' :

> …caed pob cenedl sydd
> O dan y faner deimlo'n genedl rydd;
> Caed pob tiriogaeth o'th lywodraeth di
> Deimlo dyfodiad Blwyddyn Jiwbilî.

Yn un o'r ychydig gerddi yn *Baner ac Amserau Cymru* ceisiodd Hughe Hughes, Cerrigydrudion, ddal ysbryd y dathlu. Yn y pennill cyntaf, fel Eben Fardd, olrheiniodd achau'r frenhines yn ôl at Owain Tudur a mynd ymlaen wedyn i ddarlunio rhialtwch yr achlysur mawr:

> Dewr feibion hen Walia ymunant yn lluoedd
>   I ddathlu yr iwbil yn wresog dros ben,
> Magnelau yn rhuo nes rhwygo'r mynyddoedd,
>   Coelcerthi yn fflamio hyd entrych y nen;
> Banllefau brwdfrydig yn adsain drwy'r creigiau,
>   Tabyrddau ac udgyrn yn canu ei chlod,
> Pob offer cerddoriaeth trwy Ogledd a Deheu
>   Yn uno i groesaw Victoria dda nôd.

At ei gilydd, felly, molawd digymysg, brwdfrydig ac anfeirniadol oedd ymateb y beirdd i Victoria a'r Jiwbilî Ddiamwnt. Ymdriniaeth wahanol a geir gan y rhai a gyfrannodd erthyglau i'r cylchgronau a'r newyddiaduron Cymraeg. Ceisiodd y rhain – ond yr un mor daer eu teyrngarwch – bwyso a mesur y datblygiadau a welwyd yn ystod oes y frenhines ac ystad Cymru yn nydd mawr ei theyrnasiad. Yr oedd Buddug, meddai Gwyneddon (John Davies, 1832-1904) yn *Y Geninen*, 1897, yn teyrnasu 'yn nghalon ei deiliaid' ac yn meddu ar 'yr hyn a eilw rhai yn "hawl ddwyfol i deyrnasu", gyda pharch dyladwy i wir freiniau dynoliaeth'. Aeth ati i fanylu – gyda mymryn o hiwmor annisgwyl – ar y modd yr oedd Cymru wedi elwa'n fawr ym maes 'cysuron materol', addysg, deddfwriaeth, crefydd, cyhoeddi llyfrau a'r gyfraith. Ond ni allai ychwaith anwybyddu'r datblygiadau rhybuddiol a welai yn y gymdeithas gyfoes. 'Mewn celfyddyd yr ydym yn mhell ar ôl i genhedloedd eraill'. Dywed am yr eisteddfod genedlaethol fod 'gweithrediadau cyhoeddus yr ŵyl wedi eu troi bron yn gwbl i wasanaethu amcanion cerddorol'. Chwyldrowyd bywyd Cymru gan y gweithfeydd glo a haearn, ond yr oedd y rheiny 'yn atdynu miloedd o'r wlad, er dirfawr golled ac anghyfleusdra i'r amaethwyr'. Andwyol, hefyd, meddai Gwyneddon, oedd 'yr anghydwelediad sydd yn codi yn fynych rhwng y meistr a'r gweithiwr'. A gall fynd mor bell â chloi ei erthygl gyda geiriau ystyrlon i gyfnod post-Thatcheraidd:

> Oes llawn o brysurdeb ydyw yr oes y mae y Frenhines wedi cyrhaedd ei Jiwbilî arni: rhaid cydnabod mai arwynebol yw llawer iawn o'r hyn a elwir yn llwyddiant – naid am fywyd, cystadleuaeth lem a chaled am y flaenoriaeth, cramio addysg, a chrafangu arian rywfodd: "*get money, my son, – honestly if you can – but get money!*"

Adleisiwyd pryder Gwyneddon am yr ardaloedd gwledig gan Alfred Howell Grey Edwards yn *Yr Haul* dan y teitl 'Arwyddion yr Amserau a Diamwnt-Jiwbilî y Frenines'. Sylwodd ar y duedd yn 'y dyddiau gorfrysiog hyn *i ymdyru i'r trefydd mawrion*, ac i adael y tir heb ei lafurio'. Testun gofid oedd 'natur anifeilaidd a chnawdol archwaeth lenyddol y cyhoedd'. Medd-dod ac ariangarwch yw dau bechod mawr yr oes a'i gasgliad terfynol ef yw:

> Tuedd y genedl ym mhob peth yn wir yw dyfod yn fwy *secularaidd* ac yn fwy materol, gan daflu yr Eglwys o'r neilldu.

Ar y llaw arall, cerdd ryddiaith o fawl llifeiriol i berffeithrwydd y frenhines a geir gan eglwyswr arall yn yr un cyfnodolyn. 'Pa ryfedd fod y fath lwyddiant wedi coroni ei theyrnasiad hi?', gofynnodd W. A. Ellis, Manceinion, o gofio bod 'nawdd a gwenau Rhagluniaeth ddwyfol arni'.

Yn yr un modd, cyfuniad o ymfalchïo hyderus a sylwadaeth fwy ystyriol a geir gan y cyfranwyr i *Y Dysgedydd* ym mlwyddyn y dathlu diamwnt. Taranodd y Parchedig David Griffith, Bethel (1823-1913) mai teyrnasiad Victoria oedd 'yr un mwyaf dysglaer a gogoneddus a welsid eto yn hanes teulu dyn'. Nododd fod y Deddfau Ŷd a'r dreth eglwys ar ben a haerodd mai

> I ddylanwad uniongyrchol egwyddorion Ymneillduaeth yr ydym i briodoli y rhan fwyaf o'r diwygiadau gwladol, eglwysig, a chrefyddol, a gaed yn yr oes hon fel mewn oesau eraill.

Yr oedd Ymneilltuaeth 'yn gorchfygu ac i orchfygu'.

Pan esgynnodd Victoria i'w gorsedd yn 1837, meddai Josiah Thomas (1845-1913), yr oedd y llys brenhinol 'yn isel a llygredig dros ben'. Ni allai datblygiadau fel y rheilffyrdd, yr agerlongau, y telegraff a'r teleffôn, yr argraffwasg a'r cynnydd mawr ym maes addysg lai na 'llanw pob calon ystyriol â diolchgarwch'. Ac yr oedd yr un mor uchel ei gloch am deyrnas fyd-eang y frenhines gan ymfalchïo bod 'un rhan o bedair o'r ddaear dan warogaeth i Victoria'. Yn 1897 yr oedd yr ymerodraeth 'yn ei rhwysg, ei gogoniant, a'i hehangder'. Serch hynny, fe'i gorfodir i gyfaddef y gallai ddeall pam yr oedd 'gwladgarwyr Iwerddon yn methu cyduno i ddathlu teyrnasiad trigain mlynedd Victoria'.

Mewn erthygl gynhwysfawr a ganolbwyntiodd ar ddatblygiadau yn ystod trigain mlynedd y teyrnasiad, dug y Parchedig James Charles (1846-1920) i gof yr 'amseroedd caled' gynt a'i atgof yn ddeg oed am 'gormes tirfeddiannwr'. Datganodd yn blaen fod 'helynt flin Chwarel y Penrhyn', yr helynt gyfoes,

> wedi dysgu un wers bwysig – na ddylai hawliau, a rhyddid, a chysuron 15,000 o bobl fod yn rhwym wrth ewyllys un dyn, pwy bynnag fyddo. Rhaid gwneud egwyddor cyflafareiddiad yn ddeddf orfodol mewn achosion o'r fath.

Fel ei gydysgrifenwyr, rhestrodd y deddfau mewn amrywiol feysydd a oedd yn gamau pwysig ymlaen ond bod angen deddfu eto ynghylch dirwest. Y 'fasnach feddwol' oedd gelyn mawr y werin, meddai, yn enwedig yn Lloegr: 'Mae John Bull mor hoff o'i *beef* a'i *lasiad*!' Ar ddiwedd ei gyfraniad cawn gan Charles yr ymwybod byw â'r newid cyflym yn oes Victoria a oedd yn destun cymaint o obaith a balchder i'r rhan fwyaf, ynghyd ag awgrym – wedi'i fynegi'n gartrefol – o'r pryder ymhlith cryn nifer o sylwedyddion nad oeddynt wedi eu dallu'n llwyr gan y cyfnewidiadau cynyddol:

> Oes enwog yw hon, ac erys yn enwog yn mhlith oesau y ddaear. Y fath gyfleusderau i deithio ar dir a môr! Y fath ddyfeisiau newyddion, un ddyfais ar sodlau dyfais arall! Llythyrau rhad, *telegrams* rhad! Ond er fod gwaith mawr wedi ei wneud, y mae mwy, annhraethol fwy, yn aros heb ei wneud. *Gweithdy* yw yr oes hon, yn gwneud *tools* i'r oesoedd a ddel. Ond y cwestiwn mawr o hyd fydd, fath ddynion fydd yn *handlo* y *tools* yma?

THE PENALTY OF GREATNESS.

Olivia. "OF COURSE YOU WENT TO THE JUBILEE, MR. DUDELEY?"
Mr. Dudeley. "'BLIGED TO, DON'TCHERKNOW. KNEW ALL THE
PEOPLE IN THE PROCESSION!"

Yn rhyfedd iawn, ni wnaeth *Y Drysorfa*, 1897, fawr ddim o'r achlysur. Ond yn gynnar yn y flwyddyn, yn y 'Nodiadau Misol', cafwyd awgrym (gan y golygydd, y Parchedig Griffith Parry, o bosibl) a oedd yn fwy na rhethreg:

> Oni byddai yn dda i ni fel Cymry godi rhyw sefydliad Cymreig cenedlaethol i fod yn fynegiant o'n teyrngarwch? . . . Oni ellid troi Blwyddyn y Jubili yn rhyw fantais i Gymro?

Dylid creu cronfa genedlaethol, meddai, a allai ddyfarnu ysgoloriaethau i fyfyrwyr a fynnai addysg yng ngholegau'r Brifysgol newydd. A gofynnodd *Y Drysorfa* am gau'r tafarndai ar ddiwrnod yr ŵyl.

Os ystad bardd yw astudio byd, ni chafwyd hynny yn yr ymateb prydyddol i'r Jiwbilî Ddiamwnt. Ildiwyd y gwaith hwnnw i sylwedyddion y cyfnodolion. Wrth gwrs, nid oedd eilunaddoliaeth y Cymry'n unigryw. Nid oeddynt ond yn dilyn esiampl y mwyafrif yn Lloegr, er nad oedd mawl a pharch pob un o'r Saeson yn gwbl anfeirniadol. Er enghraifft, aeth Alfred Austin, bardd y frenhines, â'i gerdd deyrngarol ef i Gastell Windsor i'w chyflwyno'n bersonol i Victoria. Plesiwyd hi gymaint fel y gofynnodd i Arthur Sullivan ysgrifennu cerddoriaeth iddi. Gwrthododd Sullivan a'i galw yn 'Jubilee effusion' a bu'r gerdd yn wrthrych dychan gan yr adolygwyr. Ond gofalodd osod emyn Jiwbilî yr Esgob How ar gerddoriaeth ar gyfer gwasanaeth arbennig yng Nghapel Sant Siôr, Windsor. Lluniodd Francis Thompson 'ode' rhyfeddol ar yr achlysur yn galaru wrth restru'r llenorion a fu farw yn ystod teyrnasiad y frenhines ac yn galw arni i sicrhau heddwch trwy drechu'r 'unglutted beast of War'. Cerdd nodedig yn y cyswllt hwn â'i myfyrdod rhybuddiol, pryderus, yw 'Recessional' Rudyard Kipling.

Bu'r frenhines dan feirniadaeth fwy nag unwaith cyn hyn yn *Baner ac Amserau Cymru* ac y mae agwedd Thomas Gee at y Jiwbilî Ddiamwnt yn arbennig o ddiddorol. Dywedodd fod 'brwdfrydedd anarferol a theilwng' yn nodweddu teyrngarwch y Cymry, ond ni adawodd i odidowgrwydd y Jiwbilî a grym yr ysbryd imperialaidd fygu ei radicaliaeth. Mewn ymateb i gais rhai darllenwyr, meddai, cyhoeddodd hanes teyrnasiad Victoria yn ffeithiol ym mis Mehefin gan ddiweddu â'r dymuniad 'eiddunwn iddi wynfyd tragwyddol yn y

[byd] nesaf!' Dan y pennawd 'Dathlu ei hir deyrnasiad' ceisiodd roi'r cwbl yn ei gyd-destun priodol:

> Bydd y dathliad yn un cyffredinol mewn gwlad a thref, a Thorïaid yn naturiol, yn blaenori ynddo yn fwy na Rhyddfrydwyr; ac Eglwyswyr yn fwy nag Ymneillduwyr. Ar yr un pryd, na chymmerer yn ganiataol fod y Rhyddfrydwyr a'r Ymneillduwyr yn ddiffygiol mewn teyrngarwch. Heb fod mor chwannog i rodresa ei ddangos ar bob achlysur y maent.

Ceir ganddo ddisgrifiad go fanwl o 'rwysg a rhialtwch' yr orymdaith fawreddog yn Llundain a'i unig ymateb yw ei bod 'yn un o'r pethau mwyaf rhwysgfawr a fu yno erioed' a bod y cwbl wedi digwydd 'yn ddidramgwyd a diddamwain', gan ychwanegu yn awgrymog fod llysgennad Unol Daleithiau America 'mewn gwisg ddu blaen' yng nghanol y pwysigion eraill mewn lifrai gorwych. Fel llawer un arall, credai fod rhyddid 'wedi mynd ar gynnydd' wrth fod yr ymerodraeth yn ehangu ac nid yw'n ofni cynnig sylwadau grymus yn sgil hynny ar y prif weinidog:

> Ond pwy oedd wrth lyw holl weithrediadau dathliad yr Iwbili diweddaf hwn? Nid caredigion rhyddid. . . . Y mae meddwl am Arglwydd SALISBURY a'i ganlynwyr yn ymffrostio yng nghynnydd yr ymherodraeth yn rhywbeth chwaneg nag anghyssonder – yn haerllugrwydd a gwynebgaledwch digymmysg.

Ar ddiwedd y mis, mewn prif erthygl olygyddol, ymunodd â'i gymheiriaid yn y cylchgronau wrth restru'r chwyldroadau cymdeithasol yn ystod y trigain mlynedd. Y pennaf o'r rhain, meddai, oedd 'peirianwaith gallofyddol (*mechanical engineering*)' ac i ordoi'r cyfan 'y mae Crefyddolder ein cenedl yn dal, er gwaethaf dylifiad cenhedloedd estronol i'n plith'. Cyhoeddwyd cerdd gynharach, rethreglyd Talhaiarn 'Anthem Genedlaethol y Cymry' yn y rhifyn hwn, ond cyn i'r dathlu gynhesu, cafwyd yn rhifyn 17 Chwefror lythyr chwyrn gan y Parchedig John Myfenydd Morgan, ficer Llandudoch, yn trafod 'ymffrost a thrahausder John Bull' ac yn datgan ei bod 'yn llawn bryd rhoddi ychydig attalfa ar rwysg 'Shôn Ben Tarw'. Ymddengys bod Morgan wedi cael rhyw fath o dröedigaeth oherwydd canodd gân dra theyrngar i Victoria a'r Jiwbilî Aur ddeng mlynedd ynghynt.

Os *Tarian y Gweithiwr* oedd llais y glowyr a'r gweithwyr diwydiannol rhaid bod y rheiny ymhlith y deiliaid mwyaf gwresog eu teyrngarwch. Datganodd fod pawb 'hyd yn nod . . . y rhai nad ydynt yn caru sefydliadau brenhinol' yn cydnabod bod 'ei Mawrhydi yn *ideal* o deyrn'. Cyhoeddwyd rhifyn arbennig o'r papur i ddathlu'r Jiwbilî (fel y gwnaeth *Young Wales* a'r *Western Mail*, ymhlith eraill) yn cynnwys lluniau o'r frenhines, aelodau o'i theulu a'i gwahanol gartrefi. Ymosododd ar yr aelodau seneddol Gwyddelig a argymhellodd gadw draw o'r dathlu oherwydd cyflwr adfydus eu gwlad. Gwir fod llawer o dlodi a gorthrwm yn Iwerddon, meddid, ond y rheswm am hynny oedd 'diffyg darbodaeth ac egni ar ran y trigolion'. Ar fedd-dod yr oedd y bai am dlodi'r Gwyddelod ym Mhrydain. 'Tro ffol, a thro anrasol' yn dangos 'diffyg teyrngarwch mawr a diffyg parch at berson ei Mawrhydi' oedd gwaith yr aelodau seneddol. Gresynodd y *Darian* na fyddai'r un gweinidog Ymneilltuol yn cymryd rhan yn y gwasanaeth wrth risiau Eglwys St. Paul, ond nododd yn ddiolchgar y byddai rhai yno: 'Am y tro diolchwn am yr hyn a estynir i ni . . . oblegyd ni fedd ei Mawrhydi ddeiliaid mwy teyrngar na'r Annghydffurfwyr'. Wedi'r diwrnod mawr, ymddengys bod peth ailfeddwl. 'Ofer priodoli iddi yr holl welliantau' a gafwyd yn ystod ei theyrnasiad maith, meddid yn rhifyn 24 Mehefin. Nid y frenhines 'sydd wedi estyn rhyddid yr Ymnneillduwyr', er enghraifft, ond y werin. A diweddir gyda datganiad y gallai unrhyw olygydd o Dori fod wedi ei ddatgan:

> Ond yn benaf oll, yr ydym yn ei hanrhydeddu am mai dyledswydd pob Cristion yw parchu yr awdurdod, a rhai mewn lleoedd uchel, ac yn enwedig brenhinoedd a brenhinesau.

Yng nghefndir hyn oll, tipyn o ollyngdod yw darllen cerdd ysgafn (lled ddychanus?) 'Y Bachan Ifanc' (Myfyr Wyn), colofnydd cyson yn y *Darian*:

> Wel joinwch gyda ni
> Yn swn y Jiwbilî
> A dewch yn gwic;
> Cydunwch fawr a mân
> Yn awr i ganu cân
> I'n hoff Frenhines lân –
> Yr anwyl Vic.

Edrych ymlaen yng nghanol yr hyn a elwir yn 'rhialtwch y Jiwbilî' a wna'r *Genedl Gymreig* a cheir yn erthygl olygyddol 22 Mehefin, 1897, gyfraniad yn cynnwys nodyn proffwydol, amheuthun. Gwelir yma'r clod confensiynol 'i gymeriad personol' Buddug am gyflawni ei dyletswyddau mewn modd mor ganmoladwy dros gyfnod mor hir a chadw ei llys yn bur. Yna, ceir trafodaeth ar natur yr Ymerodraeth Brydeinig a'i dyfodol ac ynddi sawl adlais o 'Recessional' Kipling a gyhoeddwyd i nodi'r Jiwbilî. Bu'r trigain mlynedd o deyrnasiad Victoria yn gyfnod o lwyddiant a chynnydd 'na welodd yr un deyrnas ei debyg yn holl hanes y byd'. Yr oedd Prydain yn allu 'aruthrol fawr'. Ond beth am ddyfodol yr ymerodraeth? O gofio bod taleithiau America wedi dianc:

> Nid yw'n amhosibl dychmygu am Canada, rywdro yn y dyfodol, yn dilyn esiampl yr Unol Dalaethau. Dichon y bydd Awstralia, a rhanau ereill, yn teithio yr un llwybr, yn hwyr neu'n hwyrach.

Y mae hyd yn oed India, y tlws arbennig hwnnw yng nghoron yr ymerodres a'r farchnad fwyaf i allforion Prydain, yn 'ein hadgofio mai brau yw bywyd, ac nad yw mawredd daearol yn para byth. . . . Heddyw y mae'r teimlad o deyrngarwch yn ddwfn ac yn gryf; ond beth am yfory, a threnydd, a thradwy?'

Prin iawn yw unrhyw ymdeimlad o deyrngarwch yn *Cwrs y Byd*, y cyfnodolyn radicalaidd a olygwyd gan Evan Pan Jones. Eto i gyd, yr oedd Pan yn rhyfedd o ymataliol yn rhifyn Awst. Cadwai ei wrthwynebiad chwyrn yn gynnes tan farwolaeth Victoria. Y cwbl a gafwyd ganddo yn 1897 oedd dwy golofn wrthgyferbyniol yn dymchwel propaganda'r oes. Dyma flas ar 'Darllenwch y Ddwy Ochr':

Tri ugain mlynedd o heddwch digymysg fu teyrnasiad Victoria.	Buom mewn 42 o ryfeloedd gwaedlyd yn ystod teyrnasiad Victoria.
Mae heddwch yn llifo drwy ein holl drefedigaethau.	Lladdwyd 300 o'n milwyr gan y brodorion.
Ni wnaeth cenedl yn y byd gymaint â'r Prydeiniaid i efengyleiddio y barbariaid.	Nid oes genedl yn y byd mor fedrus â'r Prydeiniaid i gneifio y barbariaid.
Mae y Saeson yn gwareiddio y byd.	Cwrddir â *swindlers* Seisnig yn mhob gwlad.

44

Y gwahaniaeth pwyslais amlwg rhwng gwaith y beirdd a'r ysgrifenwyr eraill yw'r peth mwyaf trawiadol yn llenyddiaeth y Jiwbilî. Yn y brydyddiaeth cymer Victoria ei lle yn esmwyth yn y traddodiad mawl. Nid yw'n fod dynol; mae hi'n ddelfryd. Fe'i cyflwynir fel teyrn a gwraig a oedd uwchlaw beirniadaeth, yn ymgorfforiad o ddelfrydau'r gymdeithas gyfoes. Mae hi fel petai'r beirdd yn benderfynol o wireddu barn y Parchedig Thomas Rees, Abertawe, am y werin Gymraeg yn ei *Miscellaneous Papers on Subjects Relating to Wales* (1867): 'As a class of people they are remarkable for their loyalty and submission to their superiors'. Bedyddiwyd Victoria yn 'Queen of Hearts' gan *Punch*, a alwodd am waedd unol o deyrngarwch mewn 'Song Imperial':

> Stand up Scotland, up Wales and Ireland,
>   Loyalty to her royalty, crowd upon the scene;
> Stand up, all of us, we who are the sire-land,
>   Stand up, shout out, God save the QUEEN!

Ymunodd beirdd Cymru yn llawen yn y corws, gydag un amrywiad neilltuol. Rhyw ddeugain mlynedd ynghynt datganodd Eben Fardd fod y 'gwaed da yn naturiaeth Victoria' a cheisiodd beirdd diwedd y ganrif hwythau ei gwneud yn fath o Gymraes, gan ddilyn Berw a'i bedyddio yn Fuddug. Prin y gellir meddwl am gymhariaeth lai ystyrlon. Pan aeth Victoria i Eisteddfod Biwmares, 1832, cyn esgyn i'r orsedd, gwnaeth Gweirydd ap Rhys fantell sidan, euraid a gyflwynwyd iddi yn yr eisteddfod, a chafodd hanner can punt am ei drafferth. Derbyniodd beirdd Cymru'r fantell farddonol honno'n llawen a chreu corff o waith sydd yn dystiolaeth o bwys i gwlt Victoria fel gwraig ac ymerodres ym mlwyddyn y Jiwbilî Ddiamwnt. Ni byddai'r un ohonynt wedi cydnabod eu bod 'yn fflatro gormod' arni, chwedl y dychanwr Beriah Gwynfe Evans. Aeth y frenhines i'w bedd cyn i'r rhyfel yn erbyn y Bwyriaid yn Ne Affrica ddod i ben. Ar ddiwedd y rhyfel hwnnw yr oedd yr ysgrifen ar y mur. Mentrodd Emrys ap Iwan ddweud yn un o'i homilïau yn yr un cyfnod:

> fel y darfu am Ymmerodraeth Ffraingc, Ymmerodraeth Spaen ac Ymmerodraeth Rhufain, felly y derfydd am Ymmerodraeth Prydain, pan ddelo'i hamser terfynedig.

45

Mae'n siŵr i'r mwyafrif grechwenu wrth weld y fath ddatganiad ffôl am yr ymerodraeth ddifachlud. Gwyddom bellach mai Emrys a oedd yn iawn. Yr oedd amser terfynedig yr Ymerodraeth Brydeinig yn agosáu.

Ond ni ddarfu am yr awydd i gyfarch y teulu brenhinol yn deyrngar ar gân. Yr enghraifft ddiweddaraf y gwn i amdani yw'r awdl gan y Parchedig Evan Gwyndaf Evans, a oedd yn dod i ben ei gyfnod fel Archddderwydd. Enw llawn cerdd Gwyndaf yw 'Awdl i'r Arwisgiad 1969. Cyfarchion i'r Tywysog Siarl ac i Genedl y Cymry'. Egyr yr awdl yn null prydyddion oes Victoria:

> I Aer y Goron rhodder hygarwch,
> A'n Duw a'i gwylio, ein Diogelwch;
> Rhodder iddo'n tirionwch – parhaol,
> A boed ei waddol mewn byd o heddwch.
>
> Heddwch ein gwlad a haeddi, – a molawd
>   Y miloedd fo iti;
>   Tithau, o'th deyrngedau di,
>   Dy ran O! dyro inni.

Dyma gychwyn tebyg iawn i agoriad Berw yn ei awdl ganrif ynghynt – cydnabyddiaeth fod y goron ac aer y goron yn haeddu clod. Aeth Berw ymlaen i sôn am y 'godidog dadau nas gorchfygwyd'. Felly hefyd Gwyndaf, ond yma daw nodyn gwahanol i'w ganu. Pwysleisir nad taeogion oedd 'y gwŷr a aeth Gatraeth gynt' na'r rhai a aeth i sefydlu'r 'wlad oedd well' yn y Wladfa. Dyry hyn gyfle i fynnu nad 'taeogion mohonom, Er ein siâr o erwin siom' ac i alw ar y tywysog i 'gymryd meddiant' o'n hanes a'n heniaith. Os gwneir hynny bydd y genedl 'o'i hael gynnes galon – ei chlodydd a rydd ar geyrydd i Aer y Goron'. Gwneud Victoria yn Fuddug a wnaeth beirdd y bedwaredd ganrif ar bymtheg. Cydnabod awdurdod y goron a wna Gwyndaf a mynnu'r un pryd mai parchu Cymreigrwydd ar ran yr aer a fydd yn hawlio clod. A hefyd eiriol arno i goledd y Cymreigrwydd hwnnw:

> Gogoniant ein tras yn dy balasau,
> A'n Draig a fynner ar dy drigfannau;
> Mewn rhydd lawenydd a sain telynau
> Ein dawn a nodder yn dy neuaddau;
> Eon dŵr ein hiawnderau – a fyddych,
> Boed wych a wnelych, saf dros ein hawliau.

Amwysedd diwedd yr awdl sydd yn ogleisiol; ni ddywedir beth yw'r hawliau a'r iawnderau y disgwylir i'r tywysog sefyll drostynt. Ond y mae'n amlwg fod Gwyndaf yn teimlo rheidrwydd i sôn am bethau o'r fath yng nghanol y mawl gostyngeiddiol. Pa fath ganu a geir, tybed, i Jiwbilî'r goron yn y ganrif hon?